沖縄をアジアの緩衝地帯に

嘉数 学

ボーダーインク

はじめに

「問題を生じさせた時と同じ考えによってでは、その問題を解決することはできない」

有名な物理学者アルバート・アインシュタインの言葉です。なぜこの言葉を紹介したかというと、沖縄の現状を適確に表現しているからです。

沖縄の基地問題は第2次世界大戦後に新たな国際秩序が構築される中から生まれました。当時圧倒的な国力を誇るアメリカが国際社会を先導する形で国連や安全保障理事会等の制度が整備されたのです。しかし時代が移ってアメリカが「世界の警察」ではなくなった現在、1940年代の常識は通用しなくなったのではないでしょうか？　現に沖縄には米軍基地があるというのに尖閣諸島をめぐる日中間の緊張は増すばかりです。強大な米軍基地の目の前で日中衝突の危険性が高まる沖縄の状況を見れば、日米同盟を強化するだけでは問題解決にならない事は明白です。

戦後体制に縛られた沖縄を変えるには、一見遠回りの様ですが安保理改革を含めた国際秩序の再構築を訴え、アジアの緩衝地帯になる事を目指すべきです。もちろん、これまでの様に沖縄の窮状をただ訴えても世界は動いてくれません。国際社会で議論を呼ぶ様な具体的な提案を世界に示す必要があります。

上記と並行して世界経済の見直しも提案しなければなりません。なぜなら世界中で格差が広がる現状こそが国家間の対立を助長するからです。と言うことは経済振興こそ、戦争の抑止力ではないでしょうか。

その経済振興で重要なポイントは当然「格差是正」です。特にマネーゲームで世界経済を動かす新自由主義の弊害は改善すべきです。そのためには直接金融と間接金融のバランスを見直し、中小企業対策を重視しなければなりません。そこで沖縄からリサイクル経済振興策を提案したいと思います。

ただし、安全保障とからめて経済改革を訴えても国際社会には響かない可能性もあります。そこで資源問題と併せて議論してはどうでしょうか。地下資源には限りがあり、今後経済成長の足かせになると予想されます。人類が持続可能な発展をしたいと考えるなら、資源のリサイクルは課題を解く鍵となるはずです。安全保障の面から考えてもリサイクルの普及は、資源獲得競争の抑止力に成り得ます。これらを通してリサイクルが世界経済の安定化につながると訴えれば、国際社会でも反響を呼ぶと思います。本書が沖縄の基地問題に国内外の市民が関わる契機となることを願います。

目次

第1部　沖縄から国際社会への提言

⑴ 日本にこそ必要な緩衝地帯

9・11米国同時多発テロを覚えていますか？　世間では超高層ビルが崩壊する衝撃的な映像が印象に残っているかと思いますが、沖縄では違います。巨大な米軍基地を抱える沖縄県は、テロリストの標的になるのではないかという風評被害に悩まされたのです。実際風評による観光不況が発生し、その悪影響は何年も続きました。観光業は平和産業であることをつくづく実感させられる事件でした。この頃から基地の存在は経済自立の阻害要因だという認識も広がりました。観光立県である沖縄にとって辺野古の新基地建設はリスクが大き過ぎると判断する経済人も増えています。

感情論や理想論で動くと思われがちな沖縄県民ですが、実は経済や安全保障等の問題を総合的に考えたうえで判断しています。逆に日本政府の方が感情に流された政策決定をしているのではないでしょうか。現に国会では多くの政治家が中国台頭の不安に駆られた議論を進め、歴史の教訓を忘れようとしています。しかし、国防にかまけて少子高齢化や財政赤字などの重要課題をないがしろにする政府の対応は、かえって防衛力を損なう結果になると思います。なぜなら国内が不安定になれば外交の選択肢が減り、財政が悪化すれば防衛予算も減額する羽目になるからです。

以上の点を踏まえて客観的に考えれば、沖縄をアジアの緩衝地帯にする運動は日本の為にこそ必要な取り組みだと言えます。尖閣諸島をめぐる最悪の事態を回避できますし、国民感情が落ちつく事で国会でも日本の将来の為に必要な議論が始められるからです。もちろん沖縄にとって大きな挑戦です。しかし、国際社会に基地問題をアピールできますし、日本政府には新基地建設の再考を促すきっかけにもなります。米国が「世界の警察」を辞めてしまったのですから、国際社会も安保理改革を求めています。小さな島からの提案と言えども無視することはできないはずです。何より、大きな目標を掲げることで県民の意志を再統一する効果もあります。挑戦する価値はあるのではないでしょうか。

それでは沖縄から世界へ、平和のための提案をしたいと思います。最初に国際社会への提案を。次に世界平和に向けた沖縄の役割を提案する形で進めたいと思います。

⑵ 安全保障理事会の改革

現在の安全保障理事会は機能不全に陥ってます。常任理事国の拒否権で正常に機能しない事は以前から指摘されてきましたが、アメリカの国力が不安定となってからは世界中で混乱が生じる可能性も出てきました。現に中東情勢は泥沼と化し、東アジアにも混乱が広がろうとしています。21世紀を平和の世紀とするには安保理改革を断行し、国際安全保障体制を再構築するべきです。トランプ・ショックで世界が揺れている今こそ、沖縄から改革案を発信する絶好の機会だと思います。

改革案は次の7項目です。

1. 現在15ヶ国（常任理事国5ヶ国、非常任理事国10ヶ国）で構成される安全保障理事会を改革し、世界平和への貢献を望む国は全て入会できるものとする。ただし法治主義や人権等に関する条件を取り決め、その条件を満たさぬ国は入会できないものとする。
2. 5大国の拒否権により安全保障理事会が正常に機能しないケースもあるので、この拒否権を廃止する。
3. 安全保障理事会は国際司法裁判所が統轄する組織とする。
4. 国家間に対立が生じた場合は、まず国際法廷で争うものとする。国際裁判を待たずに紛争が始まった場合は裁判所で公開審議を行い、その決議をもとに安保理が国連軍を組織して仲裁や平和維持活動を行うものとする。
5. 一方的な侵略行為または国際法に違反する毒ガス兵器等の使用が確認された場合、国際司法裁判所は非常事態を宣言し国連軍による強制行動を許可できるものとする。その際、安保理は各理事国の負担や役割について話し合うものとする。
6. 国際司法裁判所の専横を防ぐため、国連会議は裁判官の罷免権を持つものとする。さらに非常事態宣言に対しては捜査権を有し、不明な点があれば関係者や当事国の代表を呼んで事情聴取を行い、司法裁判所に対して勧告できるものとする。

7．国際司法裁判所は国家や大企業による干渉を防ぐため、独自の財源を持つ独立した機関とする。

以上が改革案の概要です。紛争の前に当事国同士が対話する場を設けることを当面の目標とします。そして大国だけではなく、世界中の国々が平和を支える新たな安全保障体制の構築を改革の最終目標にしたいと思います。

⑶具体的行動案

1．アメリカ市民へのアプローチ

現行の国際安全保障体制の中核的存在と言えば、やはりアメリカです。その改革運動もアメリカ抜きには語れません。米国が動くか動かないかで安保理改革の歩みは違ったものとなるでしょう。そこでアメリカ市民への具体的なアプローチをいくつか示したいと思います。

①イラク戦争の失敗とアメリカ第一主義

イラク戦争を覚えていますか？　開戦の理由とされた大量破壊兵器が見つからなかった事を米国政府は認め、世界に醜態をさらす結果となりました。

このイラク戦争の失敗を見れば、トランプ政権がアメリカ第一主義を掲げたのも仕方が無い事だと思います。ところが政権発足後は国際社会に根回しすることなくシリア攻撃を敢行してしまいました。しかもイスラエルとの関係強化でパレスチナ問題にまで手を出そうとしています。一体トランプ政権はアメリカ第一主義をどうするつもりなのでしょうか？　国内問題の解決に目処が立たないまま外交問題に手を広げていては、市民の不安が増すばかりです。中東だけではなく米国自身も混迷を深めてゆくことでしょう。そんなアメリカ市民にとって改革案は検討する価値があると思います。国際法廷を中心とする安全保障体制が確立されたならば、イラク戦争の様な失敗を未然に防ぐことができるからです。

先の見えない不安に怯える国民感情を受け止め、新聞の意見広告を使って安保理改革を訴えればアメリカ市民の賛同を得られるのではないでしょうか。

②格差是正と負担軽減

市民がウォールストリートを占居した格差是正のデモを覚えていますか？　1％の富裕層が富を独占する格差社会は見直すべきだとした訴えは、その後どうなったでしょうか？　残念ながら格差は広がり固定化されてしまったのが現状です。この状況では、たとえアメリカでも国際安全保障の負担を全て背負うことなどできません。格差が深刻になればアメリカ市民の間から負担軽減を求める声もあがるでしょう。具体的に言えば国際社会に対して平和維持活動の平等な負担を求めると思います。米国市民の生活と兵士の生命を犠牲にする現行の国際安全保障は、このままでは破綻してしまう可能性があるのです。21世紀を平和の世紀とするには、どうすれば良いのでしょうか？　安保理改革こそ、その答えです。米国が主役となって世界平和を支えるシステムから、世界中の国々が協力して平和を支える体制に変える事。これが改革の要です。この点をねばり強く説明すればアメリカ市民の理解も得られると思います。客観的に数字を使って説得すれば、より効果的です。例えばイラク戦争の実際の費用が分かれば市民の税負担がどれだけ重かったのか示せます。あるいはその金額で格差是正の政策を実行すればどうなるかシミュレーションして見せれば市民の賛同も得やすいのではないでしょうか。

③有能な人材の活用

米国は世界で最も訴訟の多い国です。裁判がテレビ中継されるほど訴訟が日常化し、優秀な弁護士が数多く活躍しています。安保理改革では国際法廷の役割が重要になってきますが、それは米国が最も得意とする分野です。国際法廷でも米国の優秀な弁護士が活躍することになるでしょう。つまり米国は得意分野を活かすことで改革後も国際社会での地位を確保できるのです。しかも判決が出れば国連軍として行動するのですから、国際社会の批判を気にする心配もありません。この改革がアメリカの国益にかなうことは一目瞭然だと思います。米国内の有能な人材を有効に使い、なおかつ今まで以上に国益を守ることができます。さらにその人件費は巨額の軍事費に比べれば、はるかに安あがりです。これらの利点を説明すればアメリカ市民も納得してくれると思います。

余談ですが米国にはアンビュランス・チェイサーと呼ばれる弁護士がいるそうです。これは救急車を追いかけて裁判ざたになりそうな事件をさがす弁護士のことです。この様な弁護士は一般市民からは嫌われています。信頼回復のために弁護士協会は何らかの活動を行う必要があると思います。国連安保理の改革は弁護士のイメージアップにつながるのではないでしょうか。そこで米国弁護士協会に提案書を送り意見を求めてみるのも良い方法だと思います。もしも協力を得られれば、ＰＲ活動がスムーズに進むこと間違いありません。

④退役軍人

沖縄では戦後多くの女性が米軍人と結婚し、渡米しています。カリフォルニアなど退役軍人が多く住む場所にも、そうした沖縄女性がいると聞いてます。このウチナーンチュのネットワークを通じて改革の主旨を退役軍人に伝えることはできないでしょうか。米国では退役軍人の発言力は強いので、彼らの理解が得られるならば改革は大きく前進することになります。米国軍人が平和維持のために血を流しても国際社会から評価されない現状を訴えれば説得できると思います。

2．ヨーロッパ市民へのアプローチ

前章で「アメリカ抜きでは安保理改革は語れない」と述べました。では、ヨーロッパはどうでしょう。実はヨーロッパこそ、世界で最も安保理改革を必要とする地域ではないでしょうか。移民問題やウクライナ紛争、ＥＵ分裂危機等の難題に対処するだけで精一杯なのが彼の地の現状です。

一方で、紛争の絶えない中東やアフリカの安定化がなければ、その精一杯の対応が対症療法に終わる事を多くの市民が危惧しています。全ての関係国が協力できる安全保障体制の確立こそ、難民問題解決に欠かせない処方せんであり、ヨーロッパが求める改革なのです。そこでヨーロッパ市民への具体的なアプローチをいくつか示したいと思います。

①市民による安保理改革の提唱

世界中の都市で10万人規模のデモが行なわれたイラク戦争反対運動を覚えていますか？　残念ながら戦争は止められず、中東は不安定となりました。その後ヨーロッパに移民が押し寄せた結果、排外思想が広がりつつあります。平和を訴えデモに参加した市民は、さぞ無念だろうと思います。

そこで発想を変えて戦争を止められる安全保障制度を提案し、市民がデモを通してその実現を訴えてはどうでしょうか。市民が本当に平和を願うなら、そして本気で安保理改革を求めるなら、国境を越えた連携はその最初の一歩となるでしょう。世界市民の連携は各国の首脳にとってプレッシャーとなるはずです。今までにない平和運動ですが、試してみる価値はあると思います。

今ＥＵが抱えている安全保障問題はいくつかありますが、優先順位から言えばやはりウクライナ紛争ではないでしょうか。この問題では欧米諸国とロシアが話し合う場を作らなければ解決は有り得ません。だからこそ市民による改革の提唱が必要となります。

米国とロシアの代理戦争という枠組みに縛られた国際社会の中では、どの国の指導者も改革を言い出せないからです。ウクライナの為に何が必要かを訴えるには、世界市民からの発言が効果的だと思います。

②国際司法裁判所東欧支部の設立

沖縄県民に「国籍はどこか？」と問えば、当然「日本です」という返事がきます。しかし多くの県民が「何人か？」と問われると「ウチナーンチュです」と答えるのです。歴史や宗教の違い、あるいは文化的背景の変化により、アイデンティティーの問題は複雑になってしまいます。ウクライナ市民も同じではないでしょうか。欧米派とロシア派が対立し、紛争が起こるまでは二つのアイデンティティーを同時に持っていたと思います。お互いの違いは認識していたでしょうが、相手を排除しようとまでは考えていなかったはずです。国の未来は国民が決めるべきですが、皆で議論する機会と自己決定権が絶対的に足りない事がウクライナの不幸の原因ではないでしょうか。

そこで国際司法裁判所東欧支部の設立とウクライナへの誘致を併せて提案したいと思います。国際法廷は関係国がお互いの主張を発表できる場ですし、公正な調停で紛争を食い止めることのできる国際機関でもあります。東欧支部の誘致で事態が落ち着けば、国民も将来について話し合えるでしょう。そして議論が深まれば、やがて自己決定権も取り戻せるでしょう。

具体案としては、国際司法裁判所東欧支部をウクライナ中部、親欧米派と親ロシア派の堺に設置するよう訴えます。これは裁判所の存在が両派の緩衝材となるようにするためです。この緩衝の機能を強化するため裁判所とその周囲を特別地区に指定し、国際都市として整備します。その国際都市にヨーロッパとロシア双方の企業を誘致してウクライナ全土から従業員を募集します。これは政治腐敗の温床となっているウクライナ経済を国際社会の先導で改善させるためです。これらの処置により同国の経済振興と治安の回復を図り、東欧地域を安定化させることが最終目標です。今は遠い目標と思われるかもしれませんが、平和を心から願う市民の後押しがあれば状況は必ず変化してゆくと思います。

③フランス市民へのアプローチ

Gゼロという言葉をご存じでしょうか？　圧倒的な力を背景に世界を同一の方向に向かわせてきた「覇権国」が存在しないことを表します。唯一の覇権国であるアメリカが世界の警察をやめてしまった現在は、まさにGゼロ時代です。ところが、それを分かっていながら今後どうやって国際秩序を維持するのか、どの国でも議論がありません。私達はGゼロ時代の安全保障を真剣に考えるべきではないでしょうか。移民問題とテロに揺れるフランス市民なら、その必要性を理解してくれると思います。そしてフランス政府なら安保理改革で重要な役割を果たせると考えています。

安保理改革と国際司法裁判所東欧支部の設立にはロシアの協力と国際法の整備が必要です。シリア空爆に参加していたフランスならロシアに声をかけやすく、国際法の知識を活かせば法整備を押し進めることも可能です。まずはウクライナ問題を通してロシアを安保理改革に巻き込み、東欧支部設立の経験を活かして中東地域の安定化を図るのです。テロ問題は深刻だと思いますが、今のシリアに手を出しても火傷するだけです。ウクライナ問題から手を付けて、安保理改革を後押しする方が中東の安定に役立ちますし、移民問題の解決につながるのではないでしょうか。道のりが長くなったと感じるかもしれませんが、着実に歩を進めることが大事であり、フランス市民の賛同があれば改革は大きく前進すると思います。

なお、フランスが音頭を取って国際法の整備が始まった場合、トルコにも参加するよう求めるべきです。中東の安全保障を考えれば彼の地にも国際法廷の設置が必要となりますが、その際トルコが重要な役割を果たすと考えられるからです。

④ドイツ市民へのアプローチ

現行の安保理体制は五大国を頂点とする中央集権的な制度です。一方、紛争の現場では軍事力による調停が難しくなり、治安維持や経済援助が大きな課題となっています。その解決には関係国や隣国との協力が必要であり、中央集権的な制度では対応できなくなっているのです。

地方分権を強く意識して国造りを進めてきたドイツ市民にとって安保理改革は受け入れやすい提案だと思います。国際法廷は関係国と当事国が議論できる場でもありますから、効果的な経済支援やPKO活動を模索することができます。言わば安全保障における地方分権を進めることになるわけです。そして改革後の体制では軍事活動だけではなく、人道支援や復興支援など様々な分野で貢献できるので支援国が増えると予想されます。すると一国当たりの負担は減ることになりますから支援活動の継続性と国際秩序の安定が期待できます。これらは移民問題解決の糸口にもなりますから、ドイツ市民の賛同も得られるのではないでしょうか。

21世紀に入ってから世界は不安定となり、ドイツ政府にも軍事支援が要求されるようになりました。ナチスの呪縛をとき、新生ドイツを世界にアピールするためにも安保理改革は必要だと思います。新たな安全保障体制における活躍は新生ドイツの評価を国内外で高めることになるでしょう。

⑤ロシア市民へのアプローチ

ロシア市民にとって国連軍とはＮＡＴＯを包摂する軍事組織として捕らえることができます。つまり国連軍にロシアが参加すれば、ウクライナにまで迫ったＮＡＴＯ軍を意識する必要がなくなるわけです。これなら市民の危機感も和らぐのではないでしょうか。

一方、Ｇゼロ時代の現在、ロシアは何がしたいのでしょうか？　アメリカに代わって世界を動かす覇権国になるつもりでしょうか？　残念ながらロシアには覇権国になるための経済力やソフトパワーが足りません。それよりも経済を安定させ、地域大国として存在感を増す事がロシア市民の願いではないでしょうか。安全保障体制の改革案はＧゼロ時代を強く意識しています。地域紛争や内戦は周辺国と地域大国が国際法廷で話し合って対処し、対応できなければ国際社会で国連軍を組織して問題解決を図る制度です。地域大国を目指すロシアにとって受け入れやすい改革案ではないでしょうか。安保理改革の意義を説明し、世界平和を支える一員として国際社会と共に歩んでほしいと説得すればロシア市民の賛同を得られると思います。

3．中東諸国へのアプローチ

混迷を深める中東情勢ですが、まず言えるのは武力による解決は難しいということです。外部から圧力が加われば反発が生じるのは当然です。時間はかかるかもしれませんが、「中東の未来は中東の人々が決める」制度を構築するべきではないでしょうか

とは言えシリアやイラクの内戦が地域大国による代理戦争となっている現状では、住民の声が政治

に届く事はありません。それどころか空爆では住民の命すら無視されるのですから、新たな制度の構築は実現できないと考えるのが常識でしょう。しかし、21世紀最大の人道危機と言われる難民問題を前にして簡単に諦める訳にはいきません。まずは代理戦争の主役である地域大国について考察し、対策の方針を立てたいと思います。

そもそも覇権国あるいは地域大国とは殺した市民の数で地位が決まるのではなく、幸せにした市民の数で評価が下されるべきです。例えば日本は第2次世界大戦で米国と戦い敗れましたが、戦後は米政府の指導の下に復興を果たし、今では多くの日本人が覇権国としての米国を高く評価しています。なぜなら戦前と戦後を比べれば、はるかに戦後の方が生活は豊かになったと実感しているからです。戦後の日本は米国流の民主主義や社会制度、文化を取り入れる事で成功した訳です。大国とは武力ではなく、この様なソフトパワーで他の国々を主導する存在と言えるのではないでしょうか。たとえ強大な軍事力で他国を屈服させても人民の反感を買うだけであり、やがては反乱を招く結果となります。この様な国を大国とは呼べません。まさに今の中東情勢が、その事を如実に示しています。

これまで中東諸国は欧米列強の武力行使にずっと反発してきました。ところが今ではトルコやイラン、サウジアラビアといった地域大国が帝国主義時代のヨーロッパをまねて、武力で住民を押さえ付けようとしています。これでは混迷は深まるばかりであり、住民が不幸になるだけです。大国を目指したいのなら本来あるべき姿に戻って、幸せにした市民の数を競い合ってほしいものです。そこで地域大国の果たすべき役割を組み込んだ構想を示し、中東諸国に安保理改革をPRしたいと思います。

☆「イスラムの家」構想

古来イスラム教では世界をイスラム教が統治する「イスラムの家」と未だ統治していない「戦争の家」に区分すると聞いています。そして本来「イスラムの家」は国境など存在しない平和な世界のはずでした。破綻国家となってしまったシリアやイラクなどの国には夢も希望もありません。住民に希望を与え、自立を促すサポートが中東諸国には必要であり、それこそ地域大国に求められる役割ではないでしょうか。そこで、破壊された街を復旧するだけではなく、市民が国境を越えて自由に移動できる平和な地域を目指す「イスラムの家」構想を提案します。構想は次の４段階に分かれます。

●第１段階　大国による国連信託統治

破壊された都市では建物だけではなく、治安体制や行政制度も崩壊しており、復興が進まない状態です。破綻国家であるシリアとイラクの再生には地域大国の支援が必要なのです。とは言え、武力行使をした国がそのまま現地で支援活動をすれば侵略と変わらない状況になってしまいます。そこで両国を４つの地域に分け、それぞれ地域大国が信託統治するよう提案します。信託の期間は20年とし、各地区が自立することを念頭に置いた統治が前提となります。分割案と担当国案（試案）は下記の通り。

◎シリア西部のシーア派地区はロシアの信託統治とし、自立を指導する形で復興を進める。

◎シリアとイラクにまたがるスンニー派住民居住地は、トルコとサウジアラビアの信託統治とします。ただし、反体制組織とは統治方法について充分に話し合う必要があります。協議が長引くようならその期間、国連ＰＫＯ部隊による治安維持も検討します。
◎イラク中南部のシーア派地域はイランの信託統治の下、復興を進める。ただし、イランの社会制度に組み込む行為は占領と変わらないので禁止します。あくまで自立を促す復興支援でなければなりません。
◎シリアとイラクの北部地域はＥＵと米国による信託統治とし、自治を促す復興を進める。複数の国家群による信託統治は異例かもしれませんが、中東地域での反米感情を考慮したうえでの特別処置とします。

以上が分割案の骨子です。なお、分割はあくまで暫定措置であり、この段階では明確に線引きすることはできません。特に対立する地区を分ける際には、緩衝地帯を広くとるなどの処置も必要となります。

●第2段階　国境の確定と国際司法裁判所中東支部の誘致

信託統治開始の年と10年後の年に各地区の住民を対象にした生活実態調査と人口調査を行います。その統計で得られた人口増加率や経済成長率を基に各地区の住民幸福度を算出します。そして経済発展の大きな地区から順に緩衝地帯を含める形で領土を確定してゆきます。つまり、市民生活を豊かにした地区ほど有利に国境線が引かれることになります。これなら市民も希望を持って復興に取り組むのではないでしょうか。国境確定後は治安体制の強化と行政機能の充実化を図り、大国からの自立を目指した国造りを進めます。さらに、最も発展した地区には国際司法裁判所中東支部を誘致します。

せっかく自立しても大国の干渉で元に戻れば意味がありません。そこで国家間に問題が発生した場合、話し合いによる解決を促す必要があります。国際法廷という話し合いの舞台があれば紛争を未然に防ぐ効果が期待できます。ただし、中東支部の機能を考慮すれば中立性を保証しなければなりません。そこで中東支部を誘致した地区は独立後、永世中立国として国連会議の承認を求めることとします。

●第3段階　第1回イスラム結集

「イスラムの家」構想とは、ＥＵのシェンゲン協定の様に域内の移動の自由を保証し、経済交流を活性化させる事で地域全体の発展を促すものです。もちろん経済発展だけが目的ではありません。国家間の問題は国際法廷での話し合いで解決する新たな安全保障体制の構築も大きな目標です。平和で豊かなイスラム社会の実現を目指す構想、それが「イスラムの家」なのです。この構想で最も重要な課題は、関係国間で締結される国際協定の策定にあります。そこで国境確定後、関係国と4地区の代表が集まり代表者会議を結成します。そして中東支部の国際法廷内に有識者から成る諮問委員会を設置するよう取り決めます。諮問委員会では2年以内を目処にイスラム社会にも適合する協定案を策定し、代表者会議に提出します。協定は中東諸国だけに適用される「イスラム・ルール」であっても構いません。イスラム諸国には欧米列強の外交戦略に振り回されてきた歴史があるので、自己決定権を補強するイスラム・ルールなら取り入れるべきだと思います。

代表者会議で協定案を検討し、問題がなければ正式採用となります。その決定を受けて中東支部の国際法廷に関係国首脳が集まり、協定を締結することになります。その際、北アフリカのイスラム諸国にも参加を呼びかけてはどうでしょうか。４地区の国境確定を承認する場であり、リビアなどの破綻国家には構想に加わる良い機会にもなります。この集まりを第1回イスラム結集と称し、イスラム世界の将来について話し合えば地域の平和と繁栄に大きく貢献すると思います。

●第４段階　第2回イスラム結集

信託統治開始から20年後、４地区はそれぞれ独立を果たすことになります。しかし独立だけを目的にしてほしくありません。

情報が瞬時に伝わり、経済的には1つになった今日の世界では文化振興や地方分権が政治の大きなテーマになろうとしています。「共同体」を強く意識するイスラムは地方分権が進むであろう国際社会において活躍が期待されています。実は「イスラムの家」構想もイスラムの長所を活かした復興を考えて提案したものです。移動の自由を保障すれば当然国境というハードルは低くなります。そうなれば地域の「共同体」が直接世界と交渉することになります。その様な経済交流や文化交流を通じて街が発展してゆけば、地域住民が主役となる社会が生まれます。これこそ構想の目的であり、独立後の市民が目指す目標であってほしいと思います。

一方、住民の中には移動の自由を保証すればテロリストや過激派組織が流入するのではないかと心配する者もいると思います。そうなれば発展を邪魔されるという危惧も出てくるでしょう。

この問題を考える時、避けて通れないのが宗派対立です。もし20年経っても争いが続いているとしたら復興する意味がありません。そこで世界中のイスラム諸国の代表が集まる第2回イスラム結集を提案します。開催場所は永世中立国内にある中東支部の国際法廷がふさわしいと思います。まず４地区の独立を承認してもらい、次に宗派対立について皆で話し合います。部外者である私には、イスラム教がどうあるべきかを言及する事などできません。ただどうすれば和解できるのか皆で話し合ってほしいと願うだけです。和解は不可能だとしたら、せめて対立が悪化する原因だけでも議論してほしいと思います。例えば「政治家が宗教を利用したのが原因」だと分かれば対策をたてる事ができます。原因究明がなければ、スンニー派とシーア派の溝は深まり、イスラム教が２つに割れるかもしれません。どちらにしろ宗派対立を解決しなければ21世紀におけるイスラムの繁栄は有り得ません。第２回イスラム結集は重要な集まりになると思います。

以上が「イスラムの家」構想の概要です。中東問題の解決には時間がかかります。安保理改革を前面に出しても市民の理解は得られないと思います。皆で共有できる目標を先に決め、その実現のために安保理改革が必要だと訴えれば注目してもらえるのではないでしょうか。

4. アフリカ諸国へのアプローチ

今後国際社会で問題となるのは紛争だけとは限りません。他にも国境を越えて広がる伝染病の流行や世界規模の環境汚染など、人類共通の課題として取り組むべき問題が次々に発生すると考えられます。そしてこの様な国際問題に対処するためにも新たな調停システムが必要なのです。例えば水不足の問題は乾燥地帯だけではなく世界中で深刻になりつつあります。仮にナイル川などの国際河川で水資源の開発競争が起これればどうなるのでしょうか。最悪の場合、いくつもの国々を巻き込む紛争問題にまで発展しかねません。この争いの仲裁は超大国であるアメリカでも難しいと思います。それよりも当事国の主張を公平に聞いてくれる国際法廷の方が有効ではないでしょうか。安全保障理事会を統轄する新たな国際司法裁判所こそ国家間の調停システムとして最もふさわしい存在になると思います。21世紀を平和の時代とするためには国際法廷を中心とする新たな安全保障のシステムが求められるのです。この点をねばり強く訴えてゆけばアフリカ諸国の賛同を得られると思います。

(4) 国際司法裁判所アジア支部の沖縄誘致

21世紀の安全保障体制において東アジアは重要な地域の1つです。その東アジアを揺さぶり続ける朝鮮半島問題や中台問題、そして尖閣諸島問題。問題解決のためには当事国同士が話し合う場を設定しなければなりません。同時に公正な立場から指摘、示唆のできる国際機関の仲介も必要になると思います。これらの条件を満たす解決策はないものでしょうか？　そこで国際司法裁判所アジア支部の設立を提案したいと思います。国際法廷は当事国がお互いの主張を発表できる場ですし、公正な調停で紛争をくいとめることのできる国際機関でもあるからです。さらにアジア支部の沖縄誘致も併わせて提案します。沖縄に国際司法裁判所を設立し、県の全域を緩衝地帯とするならばアジアの平和維持に大きく貢献することでしょう。

１．具体的な誘致計画

国際機関を沖縄に誘致するには画期的で人々の印象に残る計画を示す必要があります。しかも日本と国交のない北朝鮮や台湾政府の要人でも円滑に出廷できるシステムも考えなければなりません。以上の点をふまえた上で完全国際都市「ニライカナイ」を提案します。

①完全国際都市の定義

「ニライカナイ」を訪れる人にはパスポートが要りません。例えば海外旅行をすると飛行機を降りてから税関を通るまでの間はパスポートが要らない空間となります。「ニライカナイ」はこのパスポート・フリーの空間が都市全体に広がったものだと考えて下さい。世界中の人々がボディー・チェックと手荷物検査だけで都市に入れるのです。税関は都市周辺部に配置されてますので市外に出る場合にはパスポートが必要となります。この完全国際都市「ニライカナイ」の誕生で国際司法裁判所アジア支部の運営も楽になります。日本と国交のない国の重要人物でもスムーズに出廷できますし、その国の報道関係者も自由に取材できるようになるからです。誘致の際には大きなセールス・ポイントとなるのではないでしょうか。

②非武装化と建設予定地

沖縄を東アジアの緩衝地帯とするのに米軍の駐留は好ましくありません。日本と中国の対立に関しては米国も紛争当事国になる可能性が高いからです。もちろん自衛隊にも撤退してもらい、沖縄を非武装化しなければ緩衝地帯として機能しません。ただし安保理改革により国連軍が発足し、米軍がその一員として緩衝地帯の警固にあたるのなら話は別です。その場合地位協定を抜本的に見直し、沖縄の不利益を解消したうえで締結し直します。

建設予定地としては、嘉手納基地が最適だと思います。米軍撤退後、この地に国際司法裁判所や国際会議場、プレスセンター、宿泊施設、遊技施設、国際空港等を建設すれば、完全国際都市「ニライカナイ」の完成です。空港ターミナルビルから国際司法裁判所、そして要人向けの宿泊施設にかけて丈夫な壁で囲み、国連軍による警固体制を敷きます。一般客向けのエリアは警察官やガードマンによる警備で大丈夫だと思います。

③国際競争入札

嘉手納基地の広大な飛行場をそのまま国際空港として利用するので、「ニライカナイ」の建設費はある程度抑えられると思います。しかし、それでも都市建設には県外、海外からの投資も必要になると予測されます。それなのに都市建設を全て地元の業者に発注すれば当然問題となります。沖縄の建設業者に受注してほしいと願う気持ちも分かりますが、それでも国際競争入札にするべきです。

見方を変えれば国際競争入札は国際都市に必要な地球規模のヒューマン・ネットワークを作る良い機会とも言えます。外国企業に発注が決まれば当然外国人技術者や労働者が来沖します。しかも都市建設なので2～3年は沖縄に滞在すると思います。それだけの期間があれば充分な文化交流ができますし、中には友人として交流を深めたり、国際結婚する人も出てくるでしょう。この人間関係が後に有形無形の恵みを沖縄にもたらすことになるのです。

④国際司法裁判所の運営費

国際機関の運営に独自の財源があれば誘致の際に有利です。世界中の観光客がパスポート無しで都市の中を自由に行動できる「ニライカナイ」に魅力的な遊技施設や巨大ショッピングモールを建設すれば来客数の増加を期待できます。さらに国際機関を抱える特別行政地区として徴税権を行使すれば入島税など新たな税収も確保できます。観光収入と新たな税収を合わせれば運営費を捻出できると思います。将来は「ニライカナイ」を独立財政の特別行政地区にすることを目標にします。なぜなら安保理改革後の国際司法裁判所は大国の干渉を防ぐため、独立した環境に置く必要があるからです。政治的にも経済的にも自立した「ニライカナイ」は国際司法裁判所アジア支部の所在地としてふさわしい都市となるでしょう。そして軍事基地を平和都市として再生させることで21世紀の新たな安全保障体制を国際社会にアピールすることにもなるでしょう。

⑤沖縄自治州

基地依存、財政依存と言われ続ける沖縄にとって経済自立は悲願です。これまでにもフリートレードゾーンや金融特区など、経済自立に向けたプロジェクトを立ち上げてきましたが自立を阻む壁は高く、未だ乗り越えられずにいます。「このままで良い」と言う人がいるかもしれません。しかし財政赤字を省みない政府の動向を見れば「この状態は続かない」と考え、破綻に備えるべきだと思います。少しでも自立が進んでいれば財政危機に直面した時に救われる市民が増えるはずです。県民には不断の努力が求められます。

一方、国際司法裁判所アジア支部を誘致し沖縄が緩衝地帯となった場合、地方自治体としては対処できない事例が増えると予測されます。そこで政府から権限と財源を委譲して沖縄自治州となることを提案します。州とは外交、防衛、金融政策を除くほとんどの分野で自治権を認められた準国家とも呼べる自治体のことです。準国家となった沖縄自治州が主体となれば、地域のニーズやアジア情勢に合わせた独自の経済政策の実施が可能となります。自立に向けた動きも加速するのではないでしょうか。財政赤字に苦しむ政府にとって財政依存度の高い沖縄が自立してくれるのは助かります。地方分権のテストケースとなるので他の都道府県も応援してくれると思います。ただし国民の支持を得るためには沖縄県が自らの努力で未来を開くのだという強い意志を内外に示す必要があります。

ここまで自立について述べましたが、まるで脅す様な説明になってしまいました。何やら難しそうな言葉を並べましたが、これで気後れしていては何も変わりません。自立と言うと県民のできる事や沖縄の長所を列挙しがちですが、もっと単純に考えても良いと思います。まずは人・物・情報が交流する沖縄を目指してはどうでしょう。観光立県ですから、もともと人を集める努力をしてきました。島嶼県ですから物流システムの整備に長い間取り組んできました。そしてITの普及により、「皆と同じ」ものよりも「沖縄らしさ」の方が注目される時代となりました。県民のこれまでの努力に、さらに工夫を重ねてゆけば人・物・情報が交流する沖縄の実現は可能です。世界との交流が深まれば必然的に経済の活性化を促し、自立への道も見えてくると思います。

2. 具体的行動案

沖縄を緩衝地帯としたうえで国際司法裁判所を誘致するためには国内外の市民との協力が必要となります。まずは日本の市民団体との連携を図り、その経験を活かして海外の協力者を募る方が効果的だと考えられます。その具体的行動案について順を追って説明したいと思います。

①市民運動による核軍縮

ロシアはクリミア併合の際に核兵器の使用も検討したと伝えられています。もしもそれが事実なら憂慮すべき事態ですが、それ以上に残念なことは原爆の使用がロシアだけの問題ではないという現実です。例えば日本の隣国である北朝鮮はミサイル発射を強行し、国際社会から非難をあびています。制裁処置に対しても怯むどころか逆に核兵器の使用をほのめかして威嚇する状況です。つまり冷戦終結して四半世紀が過ぎようとする現在でも核戦争の恐怖はなくならないのです。それどころか今や世界中の市民が核兵器や放射能汚染の被害者となる可能性があるのです。仮に北朝鮮が韓国軍に対して核兵器を使用したとします。もちろんそれは韓国市民にとって悲惨な結果を招きますが、対岸にある日本も無事ではいられません。放射能汚染により日本海の水産業が被害を受けるからです。日本の漁師だけではなくロシアや中国の市民にも被害が及ぶでしょう。何の罪もないこのような人々はただ苦しむしかないのでしょうか。こんな理不尽なことが許されても良いのでしょうか。これは北朝鮮の核問題で揺れる日本にとって真剣に取り組むべき課題になると思います。そこで私達市民から国際社会に対して次の３点を要求しましょう。

⑴　核兵器を使用した国は、第三国の放射能被害に対して賠償責任があります。これは国際法に明記されるべきです。

⑵　放射能汚染による被害者、もしくは被害にあった第三国政府は国際法廷で核戦争当事国を訴える

権利があります。国際社会はこの権利を保障するべきです。

(3) 国際司法裁判所に権威がなければ戦争当事国が判決を無視することも有り得ます。国連の安全保障理事会は裁判所の地位を保障するべきです。

私達はこれらの要求を通して第三国の被害者が救済される国際制度の確立を当面の目標とします。次に賠償責任を明確にすることで核兵器使用のハードルを上げ、核戦争を抑制できる国際的枠組みの構築を目指します。放射能汚染の補償には莫大な金額を要すると強くPRすれば、どの国も核兵器の使用をためらうはずです。この流れを核拡散防止や核軍縮へとつなげてゆくわけです。これが私の提案する「市民運動による核軍縮」です。

この市民運動は結果として安全保障理事会の改革を促す効果があります。核軍縮が目標ですが、3つの要求を通して国際司法裁判所の地位が高まり、戦争そのものを抑止する新たな安全保障体制の構築を後押しすることになるからです。

沖縄から世界規模の市民運動を展開しようとすれば県内の市民団体だけでは力不足だと思います。まず国内外の市民団体と協力する必要があります。そのためには核拡散防止の様な国民が1つになれる重要課題で県外の市民団体と連携するのが近道だと思います。国民の悲願である核軍縮に沖縄県民が協力すれば国民も基地問題に再び注目することでしょう。これが国際司法裁判所アジア支部を沖縄に誘致する第一歩となるのです。

②国民へのアプローチ

敗戦から70年もの月日が流れ、悲惨な戦争の記憶が薄れる中で政治家の右傾化が止まらないのが日本の現状です。言論界では戦争を肯定するグループが台頭し、日本の核兵器保有さえ議論される有り様です。このままでは若者が無自覚に戦争へと突き進む可能性も否定できない状況です。次の世代に平和の精神を受け継いでもらうためには、これまでにない新たな平和運動が必要だと思います。現状を打破する新たな取り組みとして市民運動による核軍縮を説明すれば国民の理解も得られると思います。具体的な方法としては、新聞の意見広告で国民に直接訴えてみてはどうでしょうか。少数の平和団体の中だけで意見を固めるのは得策ではありません。国民の支持があってこそ世界規模の市民運動へと発展することができるのです。まずは国民から核軍縮に対する意見を求め、支持を得られる様に努力することが先決だと思います。

③研究機関への協力要請

この市民運動を成功させるためには放射能汚染の被害予想額を割り出す必要があります。その被害予想が信用できるものでなければ、各国政府を説得することはできません。そこで広島、長崎の大学や国内の研究機関に市民運動の主旨を説明して協力を求めなければなりません。あらゆる地域での被害予想額を算出する必要があるので外国の研究機関にも協力を求めます。海外の研究機関への協力要請は市民運動の普及にも大いに役立ちます。例えばロシアでの核戦争を想定したＥＵ諸国の被害額を発表すればヨーロッパ市民の注目を集めることになるでしょう。同時に核軍縮への関心も高まるのではないでしょうか。その機会に市民運動の主旨を説明すれば賛同を得られると思います。日本とＥＵ

の研究機関による学術的交流がヨーロッパの市民運動を刺激し、各国政府を説得する材料を提供する事にもなるのです。なお、被害予想額発表の際には生態系への影響や生物濃縮なども併わせて公表すればより効果的だと思います。核兵器がもたらす地球環境への悪影響を具体的に説明できれば国際社会の協力も得やすいのではないでしょうか。

④被爆者への協力要請

信頼できる被害予想額は各国政府への説得材料になります。しかし数値だけで人の心は動くものではありません。実際に放射能汚染の恐怖を体験した人々の言葉こそが国際社会を動かす原動力となり得るのです。そこで広島、長崎の被爆者に協力を要請すべきだと思います。

数年前の話ですが自国の核兵器保有を支持するインド市民の反応の中に違和感を覚えた点が1つあります。それは彼らが核兵器の威力なら知っていても、それに伴う放射能汚染の恐怖は知らないということです。このことが核拡散防止の大きな障害になっているのではないかとさえ思えてきます。何十年にもわたる苦しみを理解させるには被爆者の言葉が最も効果的です。広島、長崎だけではなく、チェルノブイリ事故の後遺症に苦しむウクライナの人々にも協力を要請してはどうでしょうか。

⑤核保有国へのアプローチ

20世紀に誕生した核兵器は圧倒的破壊力を持つがゆえに戦争抑止力をも備える兵器とされてきました。専門家の中には核兵器をピースメーカーと呼ぶ者もいます。平和を作り出す兵器という意味です。

ところが21世紀の現在は貧しい独裁国家が核を保有する時代となってしまいました。粛清を繰り返す独裁者ですから、自国民の命を犠牲にしてでも核兵器を使う可能性があります。権力維持には資金が要りますから、外国政府に核兵器を売るかもしれません。つまり20世紀の核抑止力が機能した時代とは明らかに状況が変わったのです。核兵器は最早ピースメーカーではなく、ピースブレーカー（平和を乱す兵器）と呼ばなくてはなりません。

現在の状況を考えれば市民運動による核軍縮は核保有国にとっても魅力的な提案となるはずです。この提案は核保有国に直接核兵器廃絶をせまるものではありません。ただ核兵器を使用した国に対して第三国の被害者への補償をせまるだけです。その効果として莫大な補償にたえられない小国は核兵器保有を断念することになります。この流れを核拡散防止へとつなげてゆくわけです。つまり軍事と経済の両方に優れた大国でなければ核兵器を使用できないシステムを作ることで、国際社会を核抑止力が機能した20世紀の状態に戻すのです。これなら核保有国の賛同も得られるのではないでしょうか。そして核拡散防止に成功し、安保理改革のめどが立てば核軍縮への障害は低くなってゆくと思います。

残念な事に人類は外交の最終手段としての戦争を今でも放棄していません。しかし放射能汚染によって当事者だけではなく、その子孫までをも苦しめる核兵器は外交の最終手段としては向かない兵器です。放射能汚染は戦後処理を難しくします。これでは戦勝国の国益を確保できません。放射能障害に苦しむ人々は敵国を恨み続けるでしょう。これは次の戦争の火種となってしまいます。外交問題に決着をつける最終手段としての戦争が次の戦争を呼び、憎しみの連鎖を生むのだとしたら全くナンセンスです。終わりなき戦争は最早外交ではありません。つまり核兵器の使用は外交手段から大きく外れた行為なのです。

戦争抑止力が消え、使う意味もなくなった核兵器とは人類にとってどういう存在なのでしょうか。使わない方が最大限の威力を発揮する摩訶不思議な兵器。あるいは物理的破壊力よりも精神的影響力の方が強い兵器と言えるでしょう。世界平和を願う国が持つならばその精神的影響力によって平和の守り神となるでしょうし、自国の利益だけを考え、他人の痛みを理解できない国が持てばその破壊力で人類を滅ぼす悪魔の兵器となります。核保有国は古い常識を捨てて核兵器の本質を直視するべきではないでしょうか。そうすれば核軍縮は大きく前進すると思います。

3. アジア諸国に対する「ニライカナイ」のPR

国際司法裁判所アジア支部の沖縄誘致は安保理改革が前提条件となります。市民運動による核軍縮は同時に安保理改革を促すものであり、沖縄にとっても大事な活動なのです。改革の推進はアジア諸国に「ニライカナイ」をPRする効果を生み、沖縄誘致の可能性がはっきりと見えてきます。そこで次にアジア諸国へのアプローチについて述べたいと思います。

①東南アジアへのアプローチ

アセアン・東南アジア諸国連合は2015年末にアセアン経済共同体の創設を決定し、国際社会から注目されています。経済統合へ邁進するアセアンですが、今後は中国の景気後退の影響を受けることになりそうです。その結果ベトナムやフィリピンなど、中国と領土問題を抱える国々では関係悪化が心配されます。中国が好景気で、その恩恵を受ける間は領土問題も我慢できますが、逆に不景気で足を引っ張ると対立が激しくなるおそれがあるからです。とは言え軍事力では中国の方が強く、対立する国々も当面は国際社会に訴えるだけだと思います。領土問題はくすぶり続け、不穏な空気が当分の間、東南アジアを覆うことになるでしょう。

この様な状況にあるアセアンにとって、安保理改革こそ、まさに彼らが必要とする提案になると思います。国際法廷を中心とする安全保障体制が確立すれば、領土問題にも新たな展開が期待できます。中国との経済交流を絶つことができないアセアンだからこそ、国際司法裁判所における討議が有効な手段となるはずです。強大な中国との武力衝突を避け、アジア諸国の共存共栄を図るためにも安保理改革が必要であると訴えれば、東南アジア市民の賛同を得られると思います。そして東南アジアに近い沖縄ならば国際司法裁判所アジア支部を誘致する場所として最適だとアピールできます。市民レベルの交流を通して地道に沖縄誘致を訴えれば支援の輪も広がるのではないでしょうか。

なお、自国に不利な裁判となった場合、中国政府が出廷を拒む可能性もあります。無理強いすれば、かえって緊張を高めてしまうかもしれません。そこで、まずは東南アジア諸国内の領土問題を国際法廷で討議し、国境線を確定することから始めるべきです。アセアン内部の討論なら中国政府が反発する事もないでしょう。国境を確定し、お互いの信頼関係を築いたらアセアン共通の安全保障政策も策定できると思います。つまり経済や安全保障でさらなる連携の強化を図り、アセアンをより強固な共同体とすることで国際社会における発言力を高めるわけです。より強固な共同体となったアセアンならば、中国政府との交渉も有利に進められると思います。

②韓国市民へのアプローチ

近年、韓国市民に大きな変化が見られます。北朝鮮市民に対する同胞意識が急激に薄くなっているのです。そのため南北統一にも関心がありませんし、同じ国家の下で共に生きようとは考えなくなっています。静かな変化ではありますが、朝鮮半島の将来に大きな影響を与えるのではないでしょうか。

南北対立は避けたいと願いつつ南北統一を望まない韓国市民にとって、安保理改革は渡りに船だと思います。アメリカが主導する安保体制を世界中の国々が平和を支える制度に変えるのが改革の要です。これならアメリカに強く反発する北朝鮮の鎮静化を図れます。もちろん北が国際法に違反する軍事行動を取れば国連軍により鎮圧されますから、韓国市民も安心できます。何より国際法廷という対話の場があることは緊張緩和を促す効果を生みます。21世紀を平和の世紀とするには安保理改革が必要であると、ねばり強く訴えれば韓国市民の賛同も得られるのではないでしょうか。

現行の安全保障体制は米軍に頼りすぎており、もしもアメリカが不安定な状態になれば世界中に混乱が広がります。それを体現しているのが韓国であり、その影響を強く受けるのが沖縄なのです。韓国の平和団体の中には沖縄の平和団体と交流をもつグループもおり、安保理改革でもお互いに協力できると思います。そして改革運動が軌道に乗れば国際司法裁判所の沖縄誘致についても協力を要請した方が良いと思います。実現の可能性が格段に大きくなるからです。

③中国・台湾へのアプローチ

多くの中国人は「安保理の常任理事国」という特権的な地位に格別な思い入れがあるそうです。冒頭でも書きましたが現在の安全保障理事会は米国が国際社会を先導する形で作られました。その米国に対抗する中国がＧゼロ時代となった今でも常任理事国という譲り受けた地位に執着しているとは意外です。そんな中国は機能不全に陥った安保理体制を今後どうするつもりなのでしょうか。米国をライバル視して対立と競争を続ければ安保理体制はその機能を完全に失い、中国がこだわる常任理事国は意味の無い存在となってしまいます。かと言って今さら米国に譲歩して安保理を陰で支える裏方となるには無理があります。ならば安保理改革を推進し、世界平和に貢献する事で国際社会における地位を確保するのも１つの手段ではないでしょうか。歴史を見れば分かるように、国際社会ではシステムやルールを作った国が優位に立てます。Ｇゼロ時代の今こそ最大のチャンスです。安保理改革は中国市民や共産党政府にとっても検討する価値のある取り組みだと思います。

一方、中国との経済関係が不可欠となった台湾は軍事力だけでは自立と平和を守れないようになりました。武力行使が景気後退に直結する状態ですから、中国との文化交流や教育機関における人材交流、そして米国政府を見方にしての外交交渉などあらゆる手段を使って現状維持に努めなければなりません。

実はアジア諸国の中で最も安保理改革を必要としているのが台湾なのです。そんな台湾市民から見て目の前の琉球列島に国際司法裁判所があれば心丈夫だと思います。武力行使による国際秩序の変更が裁判所では認められないからです。国際法廷を核にした新たな安全保障体制は、現状維持を主張する台湾にとって希望を託せる提案と言えます。この点を詳しく説明すれば台湾市民の共感を呼ぶと思います。併せて国際司法裁判所アジア支部の沖縄誘致も訴えれば賛同を得られるのではないでしょうか。

以上がアジア諸国へのアプローチの概要です。ここまで沖縄から世界に向けた平和の提言、安保理改革を述べてきましたが、まだ足りないと思います。国際秩序を維持するためには世界経済の安定も必要となるからです。そこで次章から、持続可能な発展を目指したリサイクル経済振興策について説明します。

第2部　沖縄から世界経済への提言

(1)持続可能な発展とリサイクル経済

皆さん不思議に思ったことはありませんか？　遠い外国から来た輸入品が国産品より安いという事実に。「大量生産された商品を大量輸入したから」だとか「発展途上国は人件費が安いから」他にも「為替相場、つまり通貨の交換比率が国よって違うから」といった原因が考えられます。そしてこれらの原因を掘り下げると国際社会が抱える非常に大きな課題が見えてきます。それは世界経済の発展が持続可能なのかという問題です。

人類が営む大規模な経済活動を維持するだけの資源が地球には残されていませんし、これからも際限なく景気拡大を続けるならば地球環境の悪化は避けられないでしょう。資源が枯渇し、環境破壊が進んだ世界では人類の発展は有り得ません。人々が少ない物質のために争う、荒んだ社会となる可能性もあります。一方「発展途上国の人件費は安い」と簡単に考えるかもしれませんが、多くの日本人にとって他人事ではありません。海外の安い商品が流通すれば国内企業の経営を圧迫し、労働者の賃金カットにつながるからです。ボーダレス化が進む現代社会では、どの国の労働者も国外の労働者との競争を強制されるのです。そして過酷な競争が続けば自分達の利益を守るため、市民の間に排外主義が広まってしまいます。世界経済の一体化と排外主義の浸透が同時に進む状況は国際社会をより不安定にするでしょう。そして最後の為替相場の件ですが、これにも注意が必要です。日本や先進諸国では経済成長の低迷が続いているので現状を打破する政策が求められています。その結果、多くの国が自国通貨を引き下げようとして為替を誘導する動きに出ているのです。これは通貨安競争であり、他国を蹴落として自国が生き延びようとする近隣窮乏化政策でもあります。通貨切り下げによって輸出を増やし、輸入を抑える政策は有効な打開策に見えますが「競争」となってしまうと経済戦争に発展してしまいます。現状を放置すれば行き着く先は本物の戦争です。人類の目標とも言える「持続可能な発展」とは、何と危ういものなのでしょうか。恐い話になってしまいましたが大事な論点なので少し整理したいと思います。世界経済の発展を阻む3つの限界としてまとめてみました。

①資源・地球環境の限界

21世紀は中国に続いてインド、イスラム諸国そして南米、アフリカ諸国が次々に発展していくだろうと予想されています。しかし、これまでの様な経済成長を続けるならば資源や地球環境の限界に阻まれ、世界経済は停滞を余儀なくされるとも言われています。資源には限りがあり、環境問題も深刻だと自覚するなら、国際社会が目指すべきはリサイクル経済ではないでしょうか。とは言えリサイクルは環境保護の手段として制度設計されてきたので改善する必要があります。そのためにはリサイクル品に付加価値をつける知的生産と物質的豊かさだけではなく精神的豊かさも満足させる文化的消費が求められます。

②資本主義の限界

日本や欧米諸国で金融緩和を続けているのに設備投資が増えないのはなぜでしょうか？　より高いリターンを求めて国外の事業に投資するからだと言われていますが、問題はそこで終わりません。第2部の冒頭で労働者は国際競争に晒されていると述べましたが、実は資本家や投資家でも競争は避けられないのです。例えば発展途上国にとって外国からの投資は有り難いのですが、事業利益の多くが国外の投資家に渡るというデメリットもあります。そこで途上国内に、ある程度資本が蓄積されると自分で融資する様になります。そうすれば事業利益で得た資金が国内で回るからです。その結果、事業主は選択肢が増え、逆に外国投資家は競争に晒されて資本の収益率は低下してしまうのです。労働者が排外主義という誘惑に負けてしまう様に投資家はマネーゲームという危ない橋を渡ってしまいます。サブプライム・ローンやＣＤＳ（クレディット・デフォルト・スワップ）などの出鱈目な金融商品が出回るのは資本主義の限界を示しているのではないでしょうか。

本来、日本や欧米の様に資本の蓄積が進んだ社会では融資や投資は市民にも身近な経済活動であるべきです。それなのに融資を必要とする中小企業に資金が届かない一方で、リスクの高い金融商品が簡単に売買される現状は異常であり、労働者にとっても資本家にとっても不幸です。このまま金融肥大化とマネーゲームの横行を許せば第2、第3のリーマン・ショックが発生し、世界中の人間が不幸になってしまうでしょう。

まずは労働者の多くが雇用されている中小企業向けの融資を活性化させる必要があります。ほんの少し正常に戻るだけで風向きは大きく変わると思います。

③新自由主義の限界

「問題を生じさせた時と同じ考えによってでは、その問題を解決することはできない」巻頭で紹介した言葉は今の世界経済にも当てはまります。２００８年の金融危機（リーマン・ショック）によって新自由主義の限界が明らかになったはずなのに、今でもその影響力は強く残っているのです。例えば安倍政権は「大胆な金融緩和（＝リフレ政策）」をアベノミクスの柱の1つに掲げていますが、これも典型的な新自由主義の政策です。貨幣の供給量を増やすことによってインフレを起こし、デフレ脱却をねらうというリフレ政策は、一方で自国通貨を引き下げる副作用を生みます。つまり、他国から見れば通貨安競争の引き金を引く事になるのです。しかも本来の目的である日本経済の浮揚に効果があるのか、始まる前から議論を呼んだ政策でもあります。案の定、未だ景気の復調には至らず、通貨安戦争を煽ることで世界経済の不安定化を招いています。こんなリフレ政策を検証するだけでも新自由主義の限界が見て取れるのではないでしょうか。金融政策を偏重する新自由主義の失敗を教訓とするなら、やはり実態経済を重視する政策が必要となるはずです。

とは言え、現状では企業の設備投資は期待できませんし、消費者の動向も気がかりです。そこで、まずは環境規制を強化し、リサイクル制度を整備することで企業の設備投資を促します。融資しやすい環境も必要になりますから、集団による民間融資制度の整備も提案したいと思います。一方、消費者にも意識改革が必要です。環境保護を人類の義務だとか責任と言われては、消費者心理にブレーキをかけてしまいます。商品に込められた想い出を楽しんだり、商品のデザインに趣を感じる消費文化を育む事ができたら面白いのではないでしょうか。これらの提言を「リサイクル経済振興策」としてまとめ、次章から説明したいと思います。

(2)リサイクル経済振興策

日本やEUの様な安定成長期の国々では、金融商品が増え、中小企業には資金が届かない状況となっています。それなら金融市場を偏重するのではなく、労働や商品の流れに注目してはどうでしょうか。都市鉱山、つまり廃家電や廃車、廃棄商品から資源を抽出する技術開発を進めてリサイクルを普及させれば物・商品が動く事で実態経済も回るようになります。物が動けば人も動き、雇用も生まれます。あらゆる商品が回収、再処理、再生産されますから、国内に様々な業者が並立、共存することになります。この多様な産業構造の中で複数の業者が協力して商品開発・事業展開できる仕組みを整えれば、持続可能な発展も実現できると思います。これなら通貨安競争の罠に陥ることはありませんし、労働者が国際競争に晒されることもありません。金融政策による景気浮揚ではなく、内需拡大による実態経済の活性化を目標としているので、近隣諸国との摩擦も減少していくでしょう。「それぞれ内部に多様な産業を抱えた各国のゆるやかな共存」がリサイクル経済振興策の最終目標です。

一方、商品を回収、再加工するリサイクルでは中小企業が活躍することになると予想されます。この際、政府は積極的に中小企業を育成し、中間層の拡大を図るべきだと考えます。資産家、大企業は税金対策に抜かりないので当てにできません。ならば国家が大事にするべきは、国内に留まり税金を納めてくれる中小企業と労働者ではないでしょうか？　納税者、労働者を守るためには雇用の確保が必要であり、リサイクル制度を活用して雇用を増やす政策は検討する価値があると思います。それでは順を追って説明します。

①環境規制を強化し、リサイクル制度を整備する

意外かもしれませんが、環境規制の強化でビジネス・チャンスを広げることが出来ます。良い事例が自動車の排ガス規制です。ハイブリット車や燃料電池車などの技術革新を後押ししたのは排ガス規制だと言っても過言ではありません。かつては経済活動を阻害するものと考えられてきた規制ですが、今では逆に技術の市場価値を高めたり、新しい産業を育成したりするビジネス・チャンスに変わってきたのです。リサイクルも環境保護の視点だけではなく、産業育成も念頭に置いて制度設計をする必要があります。具体的にはリサイクル適合商品に対して消費税を減免するなどの税制優遇が考えられます。ビジネス・チャンスだと分かれば企業の設備投資も増えるのではないでしょうか。ただし、リサイクルの普及には課題もあります。その中の1つが犯罪対策です。盗難品を加工してリサイクル商品として販売されたら社会は混乱してしまいます。この問題を放置すればリサイクル普及の障害と

なってしまうかもしれません。しかし、幸いな事に最近ではIOT等の情報技術の進歩により、盗難品の追跡が可能となるそうです。市民と警察組織が連携すれば課題をクリアできるのではないでしょうか。

②リサイクル経済の確立で雇用の場を増やす

リサイクル経済では商品の販売、回収、再処理、再生産という各段階で雇用の場が生まれます。これに対して外国から大量輸入した商品をただ売るだけの産業構造では、雇用を確保できるのは流通業だけということになります。しかも使い終わった商品は廃棄処分しなければならないので環境問題も招いてしまいます。環境問題が深刻になれば観光産業のイメージダウンは避けられません。日本や欧米諸国にとって大切な産業である観光業を守るためにもリサイクルは必要だと思います。

とは言え、リサイクルで雇用が増えても労働条件が悪い（賃金が安い）のではないかと心配する声もあります。そこで労働とリサイクルの関係について整理してみましょう。ある商品を何回もリサイクルして販売するとします。リサイクルを繰り返す度に原材料費は薄まり、逆に手間をかけた分だけ人件費が増えていきます。これを何度も繰り返せば、リサイクル商品の原価の大部分が人件費で占められてゆきます。つまり、リサイクル経済は工夫次第ですぐに付加価値を増やせる構造になっているのです。例えば机を回収してリサイクル商品として売るだけでは儲けが少なく、労働者の賃金もあまり上がりません。しかし色を塗り直したり、机を加工して複数の本棚にすれば商品価値が高まり利益も増えます。当然賃金も上がって付加価値額が増えます。この様にリサイクル経済においても労働条件は改善できますし、付加価値額の増加で地域経済の発展を後押ししてくれます。これなら排外主義など発生しなくなるのではないでしょうか。

③派生産業と文化的消費

土産品として有名な琉球ガラスがリサイクルから生まれたのをご存知でしょうか？　廃棄物となるはずのガラス瓶を職人の手で見事な工芸品に作り変えることで新たな産業が生まれたのです。廃品を有効利用するので環境保護になりますし、評価の高い土産品を供給することで観光業の発展にも役立ちます。この様な業種は静脈産業の中でも区別する必要があると思います。そこで廃棄物やリサイクル製品を付加価値の高い商品に加工して販売する産業を派生産業と呼ぶことにします。派生産業が充実すればするほど、リサイクル経済は大きく発展することになります。参考になるか分かりませんが、派生産業のアイディアをいくつか挙げたいと思います。

○家電のオートクチュール

リサイクルが普及すれば、当然家庭電化製品もリサイクルを前提に製造・販売されることになります。例えばラジオは簡単に分解できてプラスチックや金属の部分にすぐに分けられる構造にすることでリサイクルに対応するでしょう。この様な構造だと故障した時にも簡単に部品を換えられるので長持ちします。そのうえラジオのボディーや操作パネルを好みの色やタイプに換えることもできます。若者は友達同士で部品を交換し合って自分好みのラジオに作り変えるようになるかもしれません。こうなるとラジオに愛着がわいて簡単には捨てられなくなります。この様にリサイクルを単に環境保護の為の制約と捕らえるのではなく、消費者を満足させる手段にもなるという発想の転換があれば、経済振興策として機能するのではないでしょうか。リサイクルが定着し、家電の改造が簡単になれば自分だけのオリジナル商品が欲しくなるのが消費者心理というものです。需要があれば、これを商売にしない手はありません。客のリクエストに応じた電化製品の製造・改造はビジネスとして採算が合うと思います。客の注文でオリジナル家電を製造する「オートクチュール」と、それより値段は安いがデザインに優れ、希少価値の高い改造家電の「プレタポルテ」に分ければ幅広いニーズにも対応できます。予算の少ない客に対しては、客が自ら持ち込んだ中古家電を予算に応じて改造するサービスがあれば喜ばれると思います。

家電のオートクチュールやプレタポルテを成功させるにはデザイン力が問われます。フランスのパリやイタリア・ミラノの様な優れたデザイナーを輩出してきた地域にとって、リサイクル経済振興策は有利な経済戦略と言えるでしょう。

○カーリフォームとビンテージカー

家電製品と違い、圧倒的に部品数が多い自動車はリサイクルが難しいと従来は考えられてきました。ところが都合の良い事に自動車の製造現場ではモジュール化が進められており、リサイクルへの道筋が見えてきたと思います。標準規格の部品を組み合わせれば製品になるモジュール化は、金属やガラス等の部品に簡単に分けられるリサイクル構造にも変更しやすいのです。自動車業界にリサイクルが普及すれば、家電と同じ様に改造を請け負う業者が増えると予想されます。走る居住空間とも言える自動車にはこだわりを持つ人も多く、消費者の好きな色やデザインに室内をリフォームできれば喜ばれるのではないでしょうか。もちろんすぐに注文が取れるとは限りません。まずは中古車の販売業者と提携し、車体の塗装や車内のリフォームから始めるのも良い方法だと思います。販売業者にとっても、ただ中古車を売るより付加価値をつけた方が利益は増えるので協力する意義があります。提携を通してカーリフォームのノウハウや資金を蓄積したならば、より付加価値が高く利益をあげられるカスタムカーの事業に乗り出せると思います。さらに事業の幅を広げたいなら、趣味の世界に注目しても良いかもしれません。例えば欧米にはビンテージカー（１９１６〜１９３０年製の車）のマニアが多いのですが、高額なので一般市民には手が届きません。そこで中古車をビンテージカーそっくりに改造して販売すれば、人気を呼ぶのではないでしょうか。

この様に消費者のこだわりや趣味を汲み上げて形にすれば、隠れた需要をもっと掘り起こせると思います。リサイクルという制約があることで、かえって消費活動の幅が広がったという事も有り得るのです。そして環境保護を意識しつつ、消費活動を存分に楽しむ市民が増えればリサイクル経済は大きく発展します。ここでは商品の質や値段だけを考慮するのではなく、好みやこだわり、趣味などの価値感も反映した消費行動を文化的消費と呼ぶことにします。

○想い出工房

小学校入学の時から使い続けた学習机や鞄には想い出が染み込んでいるので、誰でも愛着を感じると思います。しかし就職や結婚で親元を離れる時に、泣く泣く手放したという人は多いと思います。こんな時、もしも専門業者がいて想い出の机を本棚に加工してくれたら事態は一変します。場所を取らない本棚なら一人暮らしのアパートにも置けますし、一生使う事ができます。同じ様に鞄も財布や定期入れに加工できれば長く使えます。この様に消費者が所有する想い出の商品を加工、修理するサービスは、ビジネスとして成り立つと思います。机や本棚などの木工品、鞄や財布などの革製品、ネックレスやブローチなどの金属製アクセサリー、そして洋服やリュックサックなどの布製品がその様なサービスの対象として考えられます。想い出のこもった商品を修復、加工する商売をここでは想い出工房と呼ぶことにします。

想い出工房を成功させるためには加工技術だけではなく、商品に込められた「思い」を掘り起こすコミュニケーション能力も求められます。想い出を最高の付加価値と考え、その「思い」を形にすることができるようになれば、地域を活性化させる産業に育てる事も可能ではないでしょうか。

④労働条件とリサイクル経済振興策

リサイクル経済振興策は完全ではありませんし、万能でもありません。当たり前の話ですが、できる事とできない事があります。具体的には、海外に移転した工場を呼び戻すことはできませんが、産業の空洞化を食い止めることはできます。そもそも工場の海外移転は企業の経営判断なので、政治的圧力で無理に残しても国内経済が良くなるとは思えません。特に各地から部品を集めて完成品を組み上げる組み立て工場は生産工程の中でも収益性が低いので、人件費の安い外国へ移転するケースが多いのです。この状況で国内に工場を戻せば労働賃金引き下げの圧力を生んでしまいます。そして労働条件の悪化は消費低迷を招き、長期不況の要因となる可能性が高いのです。逆に企画・開発やアフターサービスの分野は利益率が高いので国内に留めておく価値があります。実はこの点がリサイクル経済振興策とつながるのです。例えば先ほど説明した「家電のオートクチュール」や「想い出工房」は中小企業の企画・開発やアフターサービスの部門を育成するために立案しました。企画・開発能力が伸びれば付加価値額の増加や収益性の向上を呼び、労働賃金引き上げの圧力を生みます。労働条件の改善が景気浮揚を促すのは言うまでもありません。

今やＩＴの普及により、中小企業でも消費者の要望をダイレクトに受け取れる時代です。つまり中小企業の企画・開発やアフターサービスの部門を育成する環境はすでに整備されているのです。この状況の中でリサイクル化を進めれば、商品の回収、再処理、再生産に関わる企業が国内に集積するようになり、連携する機会も増えてゆきます。なぜなら商品の再資源化には企業同士で重なる作業が多く、協力する方が合理的だからです。これら多様な中小企業が連携し、ＩＴによって横につながれば客の注文にも素早く対応できます。さらにインダストリー４・０によって各業者の工作機械がインターネットで結ばれ連動するようになれば多品種少量生産の時代となり、消費者のあらゆる要望に対応できる生産体制が整います。この段階にくると、知的生産とも呼べる新たな生産方法が確立されたことになります。知的生産が始まれば、中小企業の集積地である地域全体が巨大な工場として機能するようになり、結果として産業の空洞化を食い止めることができるのです。

⑤リサイクルと共栄経済

資本の蓄積が進んでいない発展途上国では自前での工場建設は難しく、外国からの投資を必要とします。工場の誘致に成功すれば雇用も増え、消費活動の活性化を促し、中小企業が育つ下地ができます。しかし生まれたての中小企業を国際競争に晒せば成長の芽を摘むことになってしまいます。そこで先進国は発展途上国にリサイクルを奨励し、中小企業の育成を後押しするべきではないでしょうか。商品の回収や分別、解体などリサイクルでは手間がかかる作業が多く、収益性は低い傾向にあります。この分野なら外国企業の参入も少なく、競争を回避できます。経営が安定すればＩＴを使って企画・開発能力の向上を図り、収益性を高めてゆくことも可能です。リサイクル業が地域経済を支える産業にまで育てば資本の蓄積も進み、購買力の高い消費者層も生まれます。これらはやがて途上国の経済成長を強く促すことになるでしょう。

一方、先進国から見ると組み立て工場の国外移転は雇用の流出を招きます。この問題は中小企業を育成し、雇用の場を確保することで沈静化するとは思います。しかしそれでも雇用の流出という不安は残るかもしれません。そこでリサイクルを活用してお互いが繁栄できる経済体制を目指すべきだと考えます。この経済体制をここでは共栄経済と呼ぶことにします。

企業が生産拠点を外国へ移す場合、全ての工場を移転させるわけではありません。創業以来の技術が詰め込まれた主要部品は「ブランド」を維持するためにも自社で生産する必要があるからです。その性能・品質により業界内でも信頼されるブランド部品になると、それ自体が輸出されるようになります。この状況の中でリサイクル経済振興策が国境を越えて広がればブランド部品の販路拡大を促進し、経済交流が活発になることでしょう。途上国でも派生産業が育つようになればブランド部品の輸出は量も種類も格段に増えてゆきます。ブランド部品は利益率の高い商品ですから、先進国労働者の雇用が守られ労働条件も良くなるはずです。そして途上国はブランド部品を使うことで品質の高い商品を生産できますから経済発展が可能となります。この様にリサイクルの活用で共栄経済は実現できると考えられるのです。

実は共栄経済を考察する際に参考にした地域があります。ＥＵです。ＥＵ内はモノとヒトの移動が自由なのでリサイクル商品の取り引きに便利です。中小企業がリサイクル品を加工してＥＵ内外に輸出すれば経済は回り始めると思います。そしてＥＵの多様性は共栄経済の実現に大きく貢献すると予想されます。文化・民族・宗教の多様性が派生産業の育成に追い風となるからです。文化の違いは多彩なデザインとなって現れ、家電のオートクチュールなどが育つ下地となるでしょう。民族・宗教の違いは文化的消費を刺激し、想い出工房の需要を支えると思います。そして観光産業と派生産業との相乗効果で経済交流が活性化すればお互いに利益を得る経済構造となり、共栄経済が実現されるのです。

⑶ 企業模合

ここまでリサイクル経済振興策を説明してきましたが、まだまだ不十分です。中小企業でも設備投資しやすい環境にしなければ、リサイクルの普及など絵に描いた餅です。そこで民間金融機関と複数の中小企業群による集団融資制度を提案します。名前は「企業模合」です。

「模合とは？」

模合とは沖縄県民の間で一般的に行われる庶民金融で、本土でいう無尽講、頼母子講の事。仲間が毎月集まって一定の金額を出し合い、その集まったお金を毎月順番に取るという相互扶助のシステムです。模合には友人や同僚などのグループで親睦目的に行われるものと、零細企業経営者、商店主などによる金融的機能を持ったものがあります。順番を決めるための入札制度もあります。親睦目的の場合はくじ引きや話し合いで決めることが多く、金融模合の場合は競争入札が一般的です。

企業模合とは県民に広く親しまれている模合を企業の資金繰りに利用することです。とは言え事業家同士が模合するだけでは安定した運営ができるのか疑問です。そこで企業模合では銀行や信用金庫が模合の幹事を代行する制度とします。まず模合を希望する複数の事業家（10前後が望ましい）がそれぞれ一定の金額（例えば10万円）を持ち寄り、その資金をまとめて共同の口座を開きます。ここではその共同口座を模合口座と呼ぶことにします。この模合口座は銀行から融資を受ける際には担保となります。ですから模合口座の預金額が多いほど、それに見合った金額の融資を受けることができます。銀行にはリスク回避となり、各企業には共同で担保の金を積み上げることで、少ない負担でも融資を受けられるメリットがあります。

模合口座を設けた後、仲間となった事業家が毎月集まって特定の金額（例えば3万円）を出し合い、競争入札などで順番を決めて集まった模合金を受け取ります。競争入札で出されたお金は全て模合口座に振り込まれます。そして毎月違う企業が模合金を取り、全ての企業に回ったら、最初に戻ってスタートします。なお、模合金を取る順番は話し合いで決めても構いません。

この様に企業模合とは、基本的には中小企業のグループによる集団融資制度です。これだけでも経営の安定化には効果があるとは思います。しかしリサイクルに向けた設備投資の為には、まとまった資金が必要となります。つまり銀行からの融資を仰ぐことになります。対して銀行は幹事代行や模合口座の管理を通して企業の経営状況を把握できますから、審査能力が向上します。審査能力の向上は、そのまま適確な融資につながります。この適確な融資こそ金融機関本来の役割であり、リサイクル経済振興策の基盤となるものです。リサイクルが普及し、中小企業がリサイクル化に対応して設備投資を進めれば金融機関が融資をする機会も増えると思います。そうなれば「預金の自己増殖機能」によりマネーサプライが増え、市場も活性化されます。金融と実態経済が強く結びつく事で安定成長を実現できますし、持続可能な発展にも手が届くと思います。

これまで過度な金融政策による景気対策は批判してきましたが、金融が経済にとって重要であるという事実は理解しています。問題なのは直接金融と間接金融のバランスが悪すぎる事です。株式に注目が集まり金融市場でマネーゲームが横行する一方で、中小企業への融資が滞り、社会格差が広がる現状を放置してはなりません。各国政府は「預金の自己増殖機能」による乗数効果にもっと注目するべきではないでしょうか。

リサイクル経済振興策は商法やリサイクル法の整備が中心であり、大規模な財政援助を必要としません。強いて挙げれば、エンジニア育成の為の職業訓練ぐらいでしょうか。その気になれば、どの国の政府も始められると思います。企業模合とは庶民や中小企業の潜在能力を掘り起こす事が目的であり、銀行に負担をかけるものではありません。マイナス金利よりは、はるかに良いのではないでしょうか。金融機関が本来の役割に目覚めるならば、実現可能だと思います。

⑷ 企業模合と協同企業体

企業模合の最大の特徴は新規事業を立ち上げる際に、その真価を発揮する点にあります。参加企業が毎月会合を重ねますから社長の人となりや経営能力を把握できますし、融資を必要とする新規事業の内容もしっかりと吟味できます。そもそも担保となる模合口座は個人のものではなく、参加企業の共同口座ですから、いいかげんな事業内容では理解を得られません。また、会合には金融機関の担当者も出席しますから、杜撰な計画だとその場で指摘するはずです。つまり仲間意識や情に流されて無理な計画がごり押しされることは無いのです。毎月の会合で話し合いながら事業計画を修正し、必要なら互いに協力して事業を起こすなら良いスタートを切れるのではないでしょうか。

この企業模合を利用する企業グループを協同企業体と呼ぶことにします。協同企業体は複合企業体（＝コングロマリット）とは違って各企業が独立した事業活動を行います。ただし、数社が連携して共同事業を起こすこともあります。大事なのは資金繰りの面で協力関係を結んでいる点です。個人事業主や零細企業が一社だけで金融機関と交渉するのは難しいと思います。しかし仲間の企業を募り、企業模合を通して交渉すれば信用が増すので、銀行も前向きに融資を検討してくれるのではないでしょうか。この様に金融面での連携を強化した企業グループが協同企業体なのです。

企業模合が一巡して再スタートする時、もちろん模合口座は引き継がれることになります。その際、参加企業に余裕があれば模合口座に一定の金額を再び振り込むこともできます。たとえ少額でも協同企業体全体で毎年振り込めば、5年、10年と続けるうちに結構な金額が貯まるはずです。担保となる模合口座の預金額が増えれば、銀行の融資可能な金額も増えてゆきます。そうなると協同企業体は様々な事業展開が可能となります。

小さな地方都市にある小さな商店街。そこで営業している花屋の店主が、実はワイナリーのオーナーだとしたら素敵だと思いませんか？　その商店街の名前を商品名にしたワインを作るために協同企業体の店主達が交代でワイン畑を管理していたら、何だか楽しいと感じませんか？　融資や投資を市民にとって身近な経済活動にする事。それこそ私達が目指すべき21世紀の資本主義ではないでしょうか。

⑸ 国際社会とリサイクルの展望

経済の未来予測ほど当てにならないものはありません。しかし、進むべき方向性だけでも共有できたら今後の展開に活かされるのではないでしょうか。参考になるか分かりませんが簡単に示しておきたいと思います。

①アメリカ

定期的にバブルが崩壊し、その度に国民の二極化が進み格差社会が強化されるアメリカ。「分断国家」とならない為にもリサイクル経済振興策は有効な手段となるはずです。車社会なので、まずは中古車市場を整備してはどうでしょう。派生産業としてオーダーメイドのキャンピングカーが考えられます。インターネットで車内の間取りを決められるようにすれば評判となるのではないでしょうか。

②フランス・ドイツ・EU

環境保護への関心が高いEU諸国は、リサイクルに向いていると思います。人材育成、職業訓練を充実させれば派生産業も順調に育つと予想されます。販路拡大を図るならEU内の移民に期待するべきです。例えばドイツにはトルコ系市民が多いので、トルコ・中央アジアに販路を広げてはどうでしょう。フランスはマグレブ諸国からの移民が多いので、北アフリカに販路を拡大できるのではないでしょうか。販路拡大による地元経済の活性化で移民流入の沈静化も期待できます。

③インド

鉄道や道路などのインフラ整備が必要なインドには、まだまだ投資を呼び込む潜在的成長力があります。一方、増え続ける労働者の雇用を確保するためにもリサイクル経済振興策は有効だと考えられます。と言う事は、インドは直接金融と間接金融をバランス良く活用すれば大いに成長する可能性があると推測されます。資本主義そのものがインドを舞台に大きく変貌をとげるかもしれません。国際社会は注目するべきだと思います。

④日本

多くの資源国が景気低迷に悩んでいます。資源の輸出以外に経済を成長させる手段が無いと、この先もっと苦労すると思います。そこで日本が先導してリサイクル化を広げてはどうでしょうか？　日本は資源国に対して恒常的に赤字です。ならばリサイクル化を手伝い、産業の集積を後押しする方が良いと思います。例えば中東の産油国がリサイクル化に成功すればブランド部品も必要となります。そうなれば日本はブランド部品や精密部品の輸出で貿易赤字を緩和できます。ブランド部品も資源の一種と考えれば、日本も資源国になれる―そんな発想の転換が必要なのかもしれません。

⑤中国

ニューノーマルに向けた産業構造の改革、リストラが必要な中国にとってリサイクル経済振興策は渡りに船だと思います。リストラで増加する失業者を派生産業で吸収できるからです。ただ残念な事に中国政府はイスラムと良好な関係を築いていません。派生産業は多品種少量生産ですから大量輸送には向いていません。隣国から隣国へと陸路を使った販路拡大がメインとなります。イスラムとの信頼関係が無い中国は、それがネックとなり、ヨーロッパ方面への販路拡大が難しくなると予想されます。

おわりに

戦争の最初の犠牲者は「真実」だと言われています。

情報通信技術の進歩により、今や誰でも簡単に最新情報を入手できる時代となりました。その結果、権力者が「真実」を隠蔽したり、ごまかす事はできなくなるはずですから、戦争は回避できるという期待が膨らみました。

しかし、期待は落胆に変わりました。

時間が万人に等しく振り分けられる様に、ＩＴの普及で市民が情報を共有するようになれば、世界から誤解が消え、差別は無くなるのではないかと夢見ました。

しかし、その夢は悪夢に変わりました。

「真実」の積み重ねが歴史であり、人類に歴史の教訓を活かす英知があれば、世界は平和になると思っていました。

しかし、国毎に違う歴史が語られ、歴史の教訓は戦争を煽るプロパガンダに変わりました。

情報だけでは世界が変わらない事を知りました。人の話を真剣に聞く誠実さが無ければ「真実」には価値が無い事を痛感しました。

それでも希望を捨てられない自分がいます。希望を捨てずにいると落ち着かなくて、行動に移した方がかえって楽だと思いました。どうしたら現状を変えられるのかと思案し、提案をまとめてみました。まずは自分から行動しなければと思い、本の出版を決意しました。

この提案集は、どうしても希望を捨てきれない私のささやかな挑戦です。しかし、その挑戦に読者の皆さんが加われば世界を変える可能性もあるのです。

あなたも世界を変えるための一歩を踏み出してみませんか。

著者

嘉数学　かかず・まなぶ

1966年　沖縄県那覇市生まれ
1985年　沖縄県真和志高等学校卒業
1990年　沖縄ＹＭＣＡ英語ビジネス専門学校卒業
90～95年
　京都で井戸掘りに従事
1995～97年
　英会話スクールに通いながらボランティア活動にあけくれる
1999～2015年
　那覇市内でチリトゥヤーとして働く傍ら執筆活動を続ける

現在「沖縄の自己決定権を回復し、樹立する会」務局長
著作『世界が変わる　沖縄が変わる』
『ニライカナイプロジェクト』(共にボーダーインク)

沖縄をアジアの緩衝地帯に
2017年7月31日　初版第一刷発行

著　者　嘉数　学

発行者　池宮　紀子

発行所　㈲ ボーダーインク
沖縄県那覇市与儀 226-3
http://www.borderink.com
tel 098-835-2777　fax 098-835-2840

印刷所　㈱東洋企画印刷

ISBN978-4-89982-323-0 printed in OKINAWA Japan